多摩の戦争遺跡

『多摩の戦争遺跡』に寄せて

十菱駿武
（じゅうびししゅんぶ）
（戦争遺跡保存全国ネットワーク共同代表・山梨学院大学客員教授）

　戦前・戦中の帝都東京には陸軍省・海軍省・大本営はじめ軍国日本の政治軍事の中枢部が置かれていたため、武蔵野台地周辺は交通網が発達し、平坦な土地を利用して立川飛行場、調布飛行場や、陸軍・海軍の軍事施設、軍需工場が置かれていた。とりわけ日本最大の軍事メーカー中島飛行機が武蔵野町に武蔵製作所工場を設置してからは、中島航空金属など中島系列・下請けの軍需工場が農地をつぶし、建設された。アジア・太平洋戦争が始まって後、アメリカ軍の日本本土爆撃の目標は1944年11月の武蔵野であった。以降1945年5月山手空襲など、東京周辺の都市は焼け野原となり多くの被害者も生まれた。このため多摩地域には加害と被害の戦争遺跡が形成された。

　著者増田康雄氏はNHKの音響効果の経歴も長く、日本リアリズム写真集団に属す社会派のカメラマンである。多摩・埼玉・神奈川・山梨地域に現存する戦争遺跡の調査や見学、保存活動に積極的に参加して、7年間にわたり43ヵ所の記録作品を撮りためた。この中には武蔵製作所、多摩火工廠など消滅した戦跡もある。本書によって70年経過して消えゆく戦跡の実態を見て、平和の大事さを感じていただきたい。

【東京都東大和市】 日立航空機立川工場変電所跡
空襲を受けて大きな銃弾痕が残る。

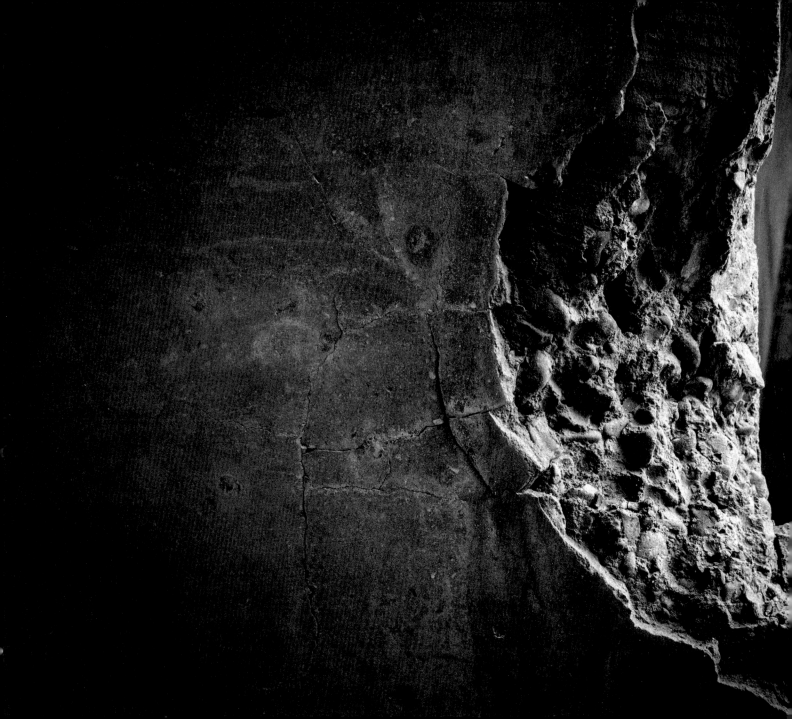

【東京都東大和市】　日立航空機立川工場変電所跡　「銃弾痕」
日立航空機立川工場の変電所の内部。空襲を受けて大きな銃弾痕が残る。

【東京都東大和市】　日立航空機立川工場変電所跡　「外部壁面の銃弾痕」
日立航空機立川工場変電所跡の外壁。
全国の戦争遺跡の中でも珍しいほど、銃弾痕が残る外壁である。
この工場は戦争末期、3回の爆撃を受け、死者は111名に上る。
現在、東大和市は文化財に指定し、都立東大和公園内に変電所を保存している。

【東京都東大和市】　日立航空機立川工場変電所跡　「スイッチ盤銃弾痕」
旧日立航空機立川工場の変電所内部。スイッチ盤にも銃弾痕が残る。

【東京都東大和市】　日立航空機立川工場変電所跡　「内部壁面の銃弾痕」
戦時中、旧日立航空機立川工場は東大和市にあり、航空機のエンジンを製造していた。
ここは変電所の内部。米軍の空襲が戦争末期に3回あり、多数の銃弾痕が残る。

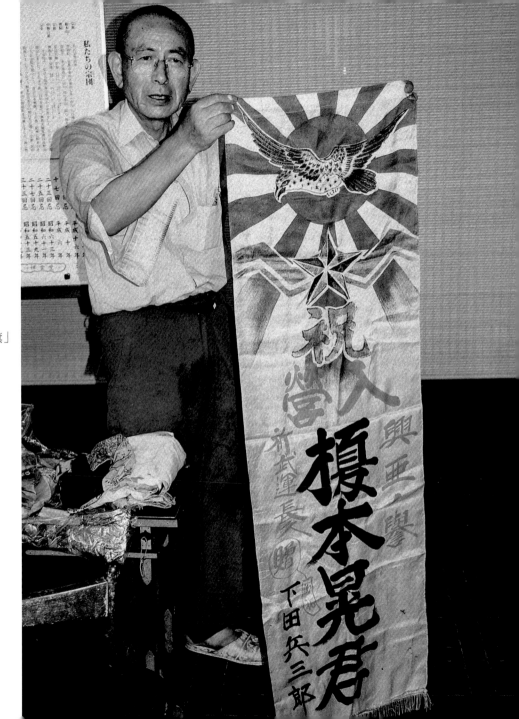

【東京都武蔵野市】　延命寺遺品　「祝入営旗」
延命寺の住職、中里崇 亮 氏は
戦時中の遺物の収品、保存に尽力されている。

【東京都武蔵野市】
延命寺遺品　「銃弾類」
延命寺の本堂には
高射砲陣地から集めた機銃掃射の
銃弾が展示されている。

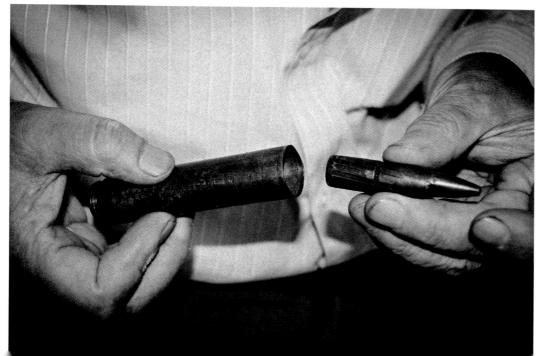

【東京都武蔵野市】
延命寺遺品　「機関砲の弾丸」
延命寺の本堂には
機関砲の銃弾も展示されている。

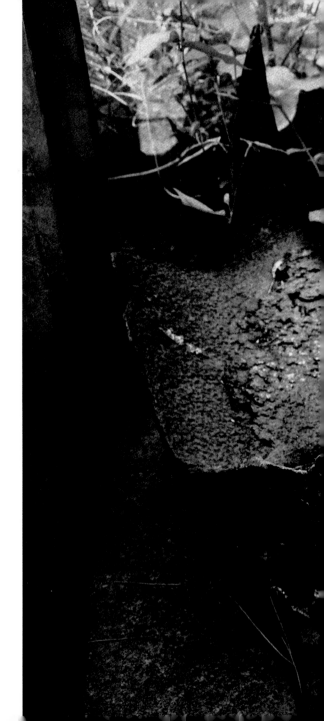

【東京都武蔵野市】　延命寺遺品　「250キロ爆弾の不発弾」
延命寺の境内には250キロ爆弾の破片が保存、展示されている。
戦争中、近くの「中島飛行機武蔵製作所」を目標に落とされた不発弾といわれる。

【東京都三鷹市】 「飛燕のプロペラ」
2009年11月24日、市内大沢グラウンドから発掘された三式飛燕戦闘機のプロペラ。
大沢グラウンドは旧陸軍調布飛行場の敷地だった。

【東京都三鷹市】 「飛燕のスピナー」
2009年11月24日、大沢グラウンドからは、プロペラの先端に装着して空気抵抗を減らす
覆い「スピナー」も発掘されている。飛燕の機体を流用した五式戦闘機のもの。

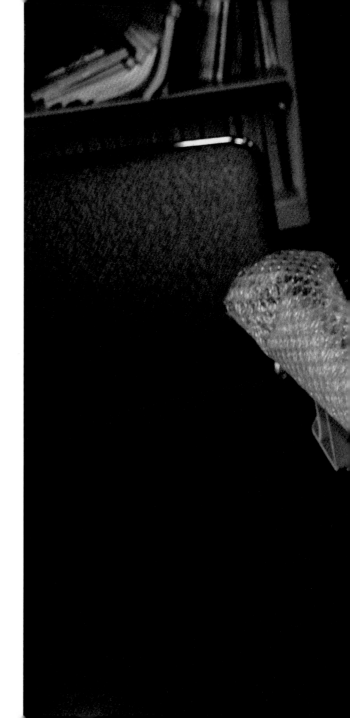

【東京都調布市】 「B29に搭載された酸素ボンベ」
調布市柴崎に、戦時中墜落したB29に搭載されていた酸素ボンベである。
B29は高度1万メートルを飛ぶ必要から酸素ボンベが必需品だった。
現在、調布市郷土博物館に保存されている。

【山梨県上野原市】 「B29のジュラルミンから作られた農具　箕」
山梨県上野原市西原に、戦時中、墜落したB29のジュラルミン。農民が農具「箕」に加工したもの。
現在も「箕」として使用している。

【山梨県上野原市】 「B29搭載の鏡」
前頁と同じく、
墜落したB29に搭載されていた
人命救助用の「鏡」。
搭乗員が遭難した自分の位置を、
救助する飛行機や船に太陽光で
知らせるために備えた。
米軍は搭乗員の安全性を
重視していた。

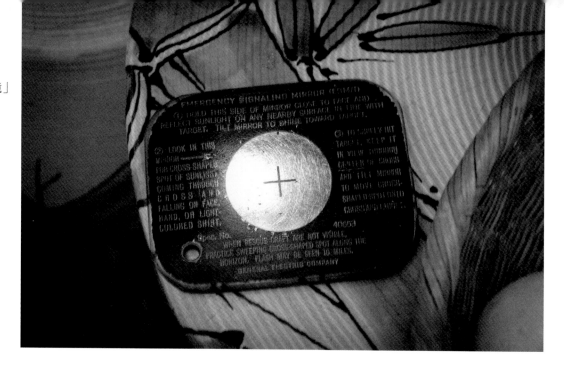

【山梨県上野原市】
「B29搭載の水筒袋」
同じく、墜落したB29に搭載されていた
「水筒袋」。

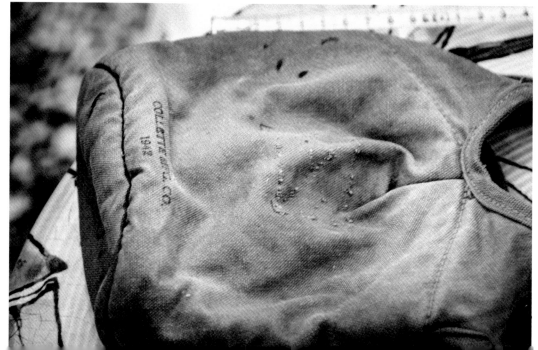

【東京都青梅市】 「B29の焼けたエンジン」
1945年（昭和20年）4月2日、青梅市柚木町に墜落したB29の焼けたエンジン。
長いこと多摩川に放置されていたという。
現在、青梅市郷土博物館が保存している。

【東京都調布市】「B29に搭載された送信機」
東京電気通信大学博物館に保存されている
B29の送信機。

【東京都調布市】「焼夷弾の筒」
米軍は日本の木造住宅の特殊性を考えて、
焼夷弾を家屋の延焼を目的に開発していた。
空襲に際して、B29は
多量の焼夷弾の束を投下した。
調布市郷土博物館所蔵。

焼夷弾の筒

機 銃 弾
アメリカの空母の艦載機が飛来し、市民に...

【東京都調布市】 「空襲警報発令の掛け札」
日本上空に米軍機が飛来すると
サイレンを吹鳴、空襲警報を発令した。
掛け札は役場、学校、百貨店、交差点などに
掛けられた。
調布市郷土博物館所蔵。

空襲警報の掛け札

裏面には白地に青い文字で「警戒警報
てあります。敵機来襲のおそれがある時
空襲の危険がせまった時には空襲警報が
警報は軍管区指令部が出し、警察・郵便
を通して伝えられました。
警報が出ると、この掛け札を役場・学校
百貨店、主要な道路の交差点など人目に
ろに掛けました。

【埼玉県所沢市】 「零式艦上戦闘機」
埼玉県所沢航空発祥記念館に展示された日本海軍の零式艦上戦闘機。
所有者は米国カリフォルニア州の航空博物館。
アジア太平洋戦争の初戦では成果を上げたが、戦争の後半、
米軍はゼロ戦の性能を分析し弱点を研究した。

日本の航空技術100年展

【東京都三鷹市】 「高射砲陣地跡の台座」
陸軍調布飛行場を守る高射砲陣地が、戦時中、三鷹市大沢の高台に造られた。レーザー付き高射砲が6門配備された。
現在は「椎の実子供の家」（保育園）に台座だけが残されている。

【東京都三鷹市】 「高射砲陣地跡の台座」
高台の下には約190名からなる、高射砲部隊東部1903部隊が駐屯していた。
1945年（昭和20年）2月17日、この陣地は米軍艦載機の攻撃を受け、4名の兵士が戦死した。

【東京都三鷹市】 「高射砲陣地跡の台座」
現在この場所は「椎の実子供の家」（保育園）に
生まれ変わっている。

【東京都武蔵野市】
「中島飛行機武蔵製作所の
グラウンド跡」
戦時中、
「中島飛行機武蔵製作所」の
グラウンドだった。
中島飛行機は陸軍、
海軍の戦闘機のエンジンを
製造していた。
ゼロ戦のエンジン製造でも
名が知られていた。
現在は武蔵野市営
陸上競技場となっている。

【東京都武蔵野市】
「中島飛行機武蔵製作所敷地跡」
現在は住宅団地が建てられている。
かつてはこの工場で日本の戦闘機の
エンジンの37%を製造していた。
従業員は4万5千人いたとされる。
しかし、1944年から1945年にかけて
米軍の爆撃を9回受けて、
この工場は壊滅した。

【東京都武蔵野市】
「旧中島飛行機武蔵製作所変電室」
2015年7月まで唯一存在した「旧中島飛行機武蔵製作所」の建物。
もとは変電室だった。戦後は住宅団地の管理事務所として利用されていた。
「武蔵野の空襲と戦争遺跡を記録する会」は
この建物を保存する運動を起こしたが、都立公園拡張のため壊されてしまった。

【東京都武蔵野市】
「中島飛行機武蔵製作所の引き込み線跡」
戦時中の「中島飛行機武蔵製作所」と
「国鉄中央線武蔵境駅」との間の引き込み線跡。
現在は市民の遊歩道として利用されている。

【東京都西東京市】 「旧中島航空金属の正門」
現在、住友重機工業田無製造所の正門として使われている。
中島航空金属は戦前、中島飛行機の系列会社で
航空機のエンジンの鋳型を製造していた。

【東京都武蔵野市】 「中島飛行機武蔵製作所跡」
この公園は戦争中、日本の戦闘機のエンジンを製造した、
「中島飛行機武蔵製作所」の工場の跡地。
現在は「都立武蔵野中央公園」として市民に利用されている。

【東京都武蔵野市】　「慰霊碑」
源正寺の墓所の一角にある慰霊碑。
「倶會一處」とは「阿弥陀の浄土に往生して
浄土の人々とともに会同すること」。

【東京都西東京市】 「中島飛行機武蔵製作所の養成工　古内竹二郎」
戦中に、14歳で中島飛行機武蔵製作所の養成工として採用される。
戦後は戦争体験から平和の語り部として活躍する。
2016年3月に88歳で死去した。

【東京都日野市】 「被爆の語り部 片山 昇」

片山さんは1945年（昭和20年）8月6日、広島市の爆心地から1・7キロで被爆する。当時、国民学校5年生、13歳だった。

校舎は熱風と熱線で、一瞬にして崩れた。片山さんは校舎の下敷きになったが運よく命は助かった。

核廃絶運動を始めたのは30年前。親友の一人が「仇をとって」と言って亡くなり、その意味は核兵器をなくすことだと気が付いた。

人間と核兵器は共存できないと、核廃絶運動に努力し、戦争の語り部として活動している。

【東京都大田区】「湯の花トンネル銃撃事件の元遺族会会長　黒柳美恵子」
「湯の花トンネル銃撃事件」（87ページ参照）の列車に乗り合わせたのが、良子17歳、美恵子14歳の姉妹だった。
姉は機銃掃射で即死する。妹・美恵子さんはそれ以来、母とともに遺族会会長を体験し、戦争の語り部として、
「湯の花トンネル銃撃事件」の風化を防ぐ活動を続けている。

【東京都立川市】
「旧立川飛行機の給水塔」
戦前、立川飛行機は陸軍の航空機を製造していた。
立川飛行機時代の建物や格納庫が
今も一部現存している。
給水塔は現在、稼働していない。
格納庫はいまも物流会社の倉庫として使用されている。

【東京都調布市】「外務省情報局弘報室分室跡」
ここは1945年（昭和20年）7月26日、ポツダム宣言を傍受した歴史的施設である。
現在は保育園になっている。

【東京都立川市】
「山中坂地蔵」
立川市は飛行場や
軍需施設が多かった。
そのため、米軍の爆撃を
13回受けて330余名の
犠牲者が出ていた。
1945年（昭和20年）4月4日、
山中坂の防空壕も
米軍の爆弾の直撃を受けた。
防空壕内に避難していた
子ども32名を含む42名が
犠牲となった。

【東京都八王子市】
「ランドセル地蔵」
八王子市相即寺にある
ランドセル地蔵。
1945年（昭和20年）7月8日、
米軍の機銃掃射を受けて
死亡した、品川区の
国民学校4年生、
神尾明治君のお母さんが
我が子のランドセルを
息子に似た地蔵に掛けたもの。

【東京都立川市】 「山中坂地蔵と歌詞碑」
立川市の山中坂には鎮魂の地蔵堂と歌詞碑
「山中坂悲歌」が建立されている。

【東京都武蔵村山市】　「少年飛行兵学校慰霊塔」
戦前、東京都武蔵村山市に「東京陸軍少年飛行兵学校」が設立された。
大津、大分にも少年飛行兵学校があった。
全国で約4万6千人の少年兵が教育され、そのうち、450余名が犠牲となった。
禅昌寺にある「少飛会」の慰霊塔。

【東京都武蔵村山市】 「少年飛行兵学校慰霊塔期名」
慰霊塔の周囲の石柵には卒業年度の期名が刻まれている。

【東京都武蔵村山市】
「東京陸軍少年飛行兵揺籃之地」碑
戦前は「東京陸軍少年飛行兵学校」の敷地で、
20万坪を擁していた。
この学校は14歳から17歳までの少年に
飛行機の操縦、整備、通信などを教えていた。

【神奈川県横浜市】 「第一校舎の長方形レリーフ」
校舎の建設年が「西暦と皇紀」で彫られている。
慶應義塾のペンマークと1934年と2594年と記されている。

【神奈川県横浜市】「慶應義塾の日吉キャンパス建物」
慶應義塾の付属高校の建物。1933年(昭和8年)に建てられた。
戦時下の1944年(昭和19年)海軍に接収される。
海軍連合艦隊総司令部、軍令部、人事部、艦政本部などが入っていた。

【神奈川県横浜市】 「第一校舎のカップ型モニュメント」
慶應義塾の日吉キャンパス第一校舎に残るカップ型モニュメント。
大東亜共栄圏を示し、海外飛躍を願う意味が込められている。

【神奈川県横浜市】 「耐弾式竪穴坑」
慶應義塾の日吉キャンパス内に戦時中造られたもの。
海軍幹部専用の出入口。
屋根のコンクリートは空襲時に被弾しても
破壊されないように工夫されていた。
この地下30mには海軍連合艦隊総司令部があった。

【東京都町田市】「戦車道路」
戦中に戦車の性能テスト、操縦訓練のためにつくられた「戦車道路」。
総延長30kmの予定が、一部のみの完成と伝えられる。

【東京都町田市】「戦車道路」
戦車道路は現在、「尾根緑道」として8kmが整備されて市民に開放され、
桜の名所になっている。

【東京都昭島市】
「中神引き込み線跡」
この道路は戦前、昭島市に設置された
軍事鉄道の「陸軍航空工廠線」だった。
「立川飛行場」と国鉄（当時）青梅線の
「中神駅」とを結ぶ鉄道である。
戦中は軍需物資を輸送していた。

61

【東京都八王子市】 「浅川地下壕」
現在の八王子市、JR高尾駅近くにあった、「中島飛行機武蔵製作所」の地下工場。
武蔵野市の「中島飛行機武蔵製作所」が1945年に米軍の空襲で壊滅状態になり、急遽高尾に地下工場を建設した。
しかし、戦闘機のエンジンを10基製造してすぐに敗戦を迎えた。

【東京都八王子市】　「浅川地下壕　散乱した木材」
浅川地下壕を掘るにあたり、多数の朝鮮人労働者が動員された。
内部は掘られたままの状態でコンクリートの被膜さえされていない。
火薬箱が散乱している。

【東京都八王子市】「浅川地下壕」
浅川地下壕は総延長約10kmに及ぶといわれ、全国屈指の規模という。
壕内には旋盤、平削機、研削機、研磨機、鑽孔機など
工作機械が330台据えられていた。

【神奈川県川崎市】 「陸軍登戸研究所資料館の偽札室」
経済の混乱を目的に中国のお札の原板を奪い、
偽札を大量に印刷し中国でばらまいていた。

【神奈川県川崎市】 「陸軍登戸研究所資料館の風船爆弾室」
登戸陸軍研究所は秘密裏に諜報、防諜、謀略、宣伝のための
兵器や資材を研究開発していた。
「風船爆弾」もその一つでアメリカ大陸へ約9300個を飛ばし、
1000個が到達したといわれる。米国人家族6人が犠牲となった。

【神奈川県川崎市】「陸軍登戸研究所の消火栓」
神奈川県川崎市生田にあった、
軍にも国民にも秘密にされた陸軍登戸研究所。
敷地内には当時の陸軍のマークが入った
消火栓が残っている。

【神奈川県川崎市】
「陸軍登戸研究所の弾薬庫」
陸軍登戸研究所の敷地は戦後、
明治大学生田校舎となる。
いまも敷地内の一角に
弾薬庫が残っている。

【東京都府中市】 「白糸台掩体壕」
陸軍調布飛行場の掩体壕の一つで、府中市白糸台に残されている。
掩体壕とは米軍の空襲から戦闘機を隠す目的で造られたもの。
この掩体壕は2008年（平成20年）
11月27日に府中市の文化財として指定、保存されている。

【東京都府中市】「朝日町の掩体壕」

府中市朝日町にある掩体壕は個人の所有物となり、現在は金属工場として使用されている。

【東京都三鷹市】　「調布飛行場大沢2号掩体壕」
現在の調布飛行場の敷地内に東京都が大沢2号掩体壕として保存している。

【東京都三鷹市】「調布飛行場大沢1号掩体壕」
調布飛行場の敷地内に東京都が大沢1号掩体壕として保存している。

【東京都三鷹市】　「調布飛行場の正門」
陸軍調布飛行場の正門として東京都が保存している。
道路の両側に残されている。

【東京都調布市、三鷹市、府中市】
「陸軍調布飛行場跡
（現在の調布飛行場滑走路）」
戦前、陸軍調布飛行場は
首都防衛の拠点基地だった。
配備された戦闘機は「飛燕」、
戦争末期は特攻隊の訓練基地となり、
沖縄、九州方面で
多くの若者が亡くなった。
戦後は米軍基地、その後返還され、
伊豆七島への玄関口となっている。

【東京都調布市】 「戦勝祈願の灯籠」
調布市の布田天神の境内にある
戦勝祈願の灯籠。
1941年（昭和16年）12月8日と記されている。
アジア太平洋戦争の開始のさいに建てられた。

【東京都調布市】 「調布市出征兵士の額」
調布市のとある神社に保存されている、出征兵士の奉納額。
当時の調布町上ゲ給村から出征した兵士の名前が読み取れる。
日中戦争からアジア太平洋戦争まで出征兵士の名前が記入され残されている。
一人で何度も出征した人もいた。

【東京都調布市】
「焼夷弾で焼けた柿の木のアップ」
陸軍調布飛行場に程近い農家は
米軍の空襲で被弾した家が多い。
今も農家の正門には
焼夷弾で焼けた柿の木が
青い葉を茂らせている。

【東京都調布市】
「焼夷弾で焼けた柿の木ロング」
左側の農家の倉庫にも
焼夷弾が落下した時の傷が
今も残っている。

【東京都八王子市】 「大和田橋の焼夷弾落下傷跡」
浅川に架かる大和田橋の歩道には八王子市が保存する、焼夷弾の落下した傷跡がいくつもある。
1945年(昭和20年)8月2日未明、八王子市はB29爆撃機180機の空襲を受けて、
旧市街の80%が焼失した。約450名の犠牲者が出た。

【東京都八王子市】 「JR中央線高尾駅構内支柱に残る銃弾痕」
1945年(昭和20年)7月8日、米軍艦載機による、機銃掃射攻撃で駅構内の支柱に銃弾痕が残される。
現在、JR中央線高尾駅1番ホームの31番、33番支柱に保存されている。

【東京都八王子市】
「湯の花トンネル列車襲撃事件の跡」
現在のJR中央線高尾駅に近い、
「湯の花トンネル」で、
1945年（昭和20年）8月5日、下り列車が
米軍の複数の戦闘機に攻撃されて
65名以上の犠牲者が出た。
毎年夏、地元の人たちと遺族会は
慰霊祭をとりおこなっている。

【東京都日野市】
「高幡不動尊の『生松脂』採取跡」
日野市にある高幡不動尊の森には戦争末期、
「生松脂」を採取した松の木が残されている。
戦後71年が経過したが傷跡は消えない。
軍部は航空機の燃料不足から、
「生松脂」から「松根油」をつくることを奨励した。

【東京都日野市】 「高幡不動尊の『生松脂』採取跡」

軍部は標語「松200本から戦闘機を1時間飛ばすことができる。」を作る。

標語通りに戦闘機が飛んだかは定かではない。高幡不動の森には「生松脂」の採取跡の傷口がいくつも存在する。

【東京都稲城市、多摩市】
「陸軍多摩火薬製造所跡ボイラー室」
1938年（昭和13年）、南多摩郡稲城町、
多摩町に陸軍多摩火工廠が造られた。
火工廠とは火薬を製造する工場である。
1945年（昭和20年）の敗戦まで工場は稼働した。
写真は湯を沸かすボイラー。
湯は火薬製造にも、体を洗うためにも必要だった。
建設時にはボイラー室は3ヵ所設置されたが、
現在、残っているのは1ヵ所のみだ。

【東京都稲城市、多摩市】
「陸軍多摩火薬製造所跡煙突」
この煙突はボイラー室付属のもの。

【東京都稲城市、多摩市】 「陸軍多摩火薬製造所跡半地下式格納庫」
戦後71年が経過して、半地下式格納庫は劣化し、金属の扉も壊れている。

【東京都稲城市、多摩市】
「陸軍多摩火薬製造所跡半地下式格納庫」
コンクリート製の建物は火薬を製造、
保存した施設である。
半地下式格納庫は万が一
爆発事故が起きても隣の格納庫への
類焼を防ぐ役割もあった。

【東京都稲城市、多摩市】
「陸軍多摩火薬製造所跡木造建築物」
木造建築物は作業場として使われていた。
また木造建築物には従業員の風呂場として
利用される建物もあった。

【東京都稲城市、多摩市】
「陸軍多摩火薬製造所跡土塁」
陸軍多摩火薬製造所は
地形的に丘陵地に造られていた。
土塁は火薬を扱う関係から
万が一の事故に備えていたと考えられる。

【東京都稲城市、多摩市】
「陸軍多摩火薬製造所跡トンネル」
このトンネルは工員の往来に利用された。
構内には火薬を運ぶ専用の
石製のエレベーターも備えられていた。
工員は階段を利用したといわれ、
事故や空襲に備えていた。

【東京都稲城市、多摩市】「陸軍多摩火薬製造所跡消火栓」
ここは現在、米軍の「多摩サービス補助施設」となっている。
構内にはいまだ旧日本軍のマークがはいった消火栓が残る。
皮肉にも、米軍施設であるために、構内は希少動植物の宝庫となっている。
陸軍多摩火薬製造所の半地下式格納庫や木造建築物は戦後71年が経過し、劣化している。
劣化の修復のためにも、早期の返還が望まれる。

戦争の悲劇を伝える「生きた文化財」

　私が「戦争遺跡」を写真集のテーマに選んだ理由は、7年前に都立高校の公開講座「東京都多摩地域の戦争遺跡」を受講し、大きな衝撃を受けたことによる。私が住む、多摩地域に多くの「戦争遺跡」が残る事実に、興味を持ち取材を重ねた故である。「戦争遺跡」は戦争の悲劇を伝える、「生きた文化財」である。後世に伝える場として、保存活動が大切であり、近年、その保存運動が日本全国に広がり、国や自治体が「文化財」として、指定登録する件数が少しずつだが増加している。しかし、2015年7月29日には、「中島飛行機武蔵製作所」跡（武蔵野市）に唯一残されていた変電室跡（都営緑町住宅管理事務所）が、保存を求める市民団体の声をよそに、公園拡大指定を理由に、解体が実施された。

　戦後、71年が経過した。世界では核保有国が核兵器に固執し、非核兵器保有国とでは核の廃絶の上で意見が分かれて、なかなか意見がまとまらない。最近では北朝鮮が核の技術を前進させて、世界を不安に陥れている。一方では日本の反核運動が大きな力を発揮して、国連でも核兵器禁止条約の成立にむけて大きく動き、核廃絶の署名運動が始まっている。そして、日本は憲法9条を持ち、「戦争の放棄」を宣言しているが、もう一方で防衛費5兆円を組み、自衛隊は米国の軍事政策に協力し、沖縄では県民や国民が反対する辺野古基地の建設を進めている現実がある。

　幼いころ、戦争を体験した一人として、私はこれからも「戦争遺跡」を撮り続けたい。

　多くの市民が戦争を忘れないため、写真を通して後世に伝える役割を担いたい。戦争とは人と人が殺しあうことであり、二度と悲劇を繰り返してはならない。日本国憲法の平和条項を守ることが大切だと思う。

　　　　　　　　　　　　　　　　　　　　　　　　　　　　　　　増田康雄

私が多摩とその付近の戦争遺跡を訪ねて写真を撮影したのは20市。撮影期間は7年に及ぶ。

東京都は調布市、青梅市、武蔵野市、東大和市、八王子市、立川市、稲城市、東村山市、西東京市、昭島市、府中市、三鷹市、日野市、武蔵村山市、町田市。神奈川県は川崎市、相模原市、横浜市。山梨県は上野原市。埼玉県は所沢市。東京都の多摩地域は戦時中、軍都といわれるほど軍事上の施設が多くあったところである。

❶日立航空機立川工場変電所跡 (東京都東大和市)

❷延命寺住職・中里崇亮さん (東京都武蔵野市)

❸陸軍戦闘機「飛燕」のプロペラとスピナー (東京都三鷹市)

❹B29が残した遺品 (東京都調布市、青梅市、山梨県上野原市)

❺空襲警報発令の掛け札 (東京都調布市)

❻零式艦上戦闘機 (埼玉県所沢市航空発祥記念館)

❼三鷹市・大沢高射砲陣地跡 (東京都三鷹市)

❽中島飛行機武蔵製作所跡地 (東京都武蔵野市)

❾中島飛行機武蔵製作所の引き込み線跡 (東京都武蔵野市)

❿旧中島航空金属の正門 (東京都西東京市)

⓫源正寺の慰霊碑 (東京都武蔵野市)

⓬旧立川飛行機株式会社の建物 (東京都立川市)

⓭外務省情報局弘報室分室跡 (東京都調布市)

⓮山中坂の悲劇 (東京都立川市)

⓯ランドセル地蔵・相即寺 (東京都八王子市)

⓰旧東京陸軍少年兵学校 (東京都武蔵村山市)

⓱日吉地下壕 (神奈川県横浜市)

⓲戦車道路 (東京都町田市)

⓳旧陸軍航空工廠引き込み線跡 (東京都昭島市)

⓴浅川地下壕 (東京都八王子市)

㉑旧陸軍登戸研究所跡 (神奈川県川崎市)

㉒陸軍調布飛行場の掩体壕 (東京都府中市)

㉓「必勝祈願」の灯籠 (東京都調布市)

㉔出征兵士の奉納額 (東京都調布市)

㉕調布市の空襲を受けた農家 (東京都調布市)

㉖八王子市大和田橋歩道の焼夷弾落下跡 (東京都八王子市)

㉗JR中央線高尾駅支柱に残る銃弾痕 (東京都八王子市)

㉘湯の花トンネル列車襲撃事件の跡 (東京都八王子市)

㉙高幡不動尊の「生松脂」採取跡 (東京都日野市)

㉚旧陸軍多摩火薬製造所跡 (東京都稲城市、多摩市)

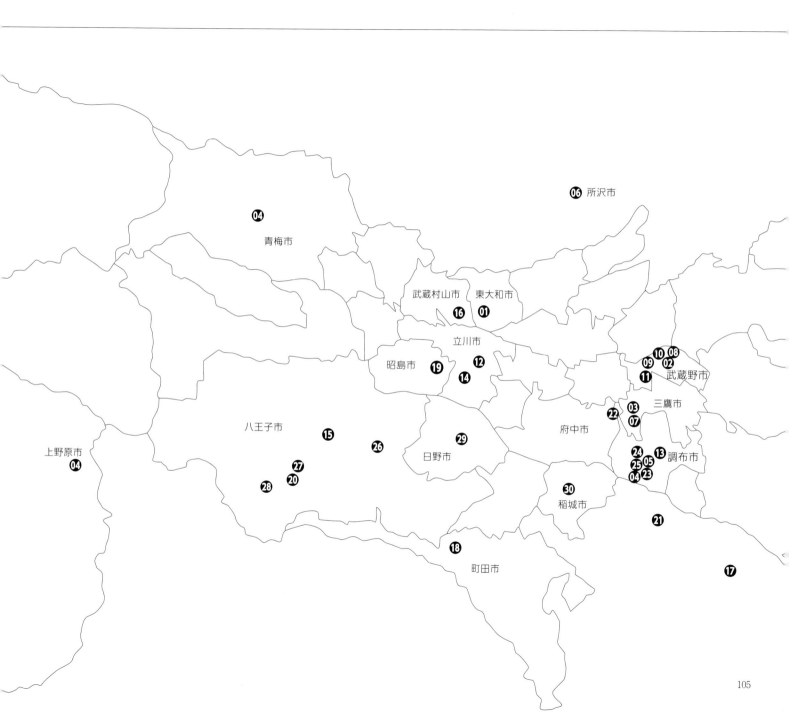

所沢市 **06**

04
青梅市

武蔵村山市 東大和市
16 **01**

立川市
昭島市 **19** **12**
14

10 **08**
09 **02**
11 武蔵野市

03 三鷹市
22 **07**

八王子市 **15**
26
日野市 **29** 府中市

24 **13**
25 **05** 調布市
04 **23**

上野原市
04

27
28 **20**

30
稲城市 **21**

18
町田市 **17**

105

■日立航空機立川工場変電所（東京都東大和市桜が丘・都立東大和南公園）❶

この変電所は、2001年（平成13年）3月に東京都東大和市の文化財に指定される。

多摩モノレール玉川上水駅に近い、都立東大和南公園の一角に保存されている。日立航空機立川工場は戦時中、1939年（昭和14年）から終戦近くまで戦闘機のエンジンを製造していた。そのため、米軍は1945年（昭和20年）2月17日、4月19日、4月24日と3度の爆撃をして、工場は壊滅的な打撃を受ける。若い工員など111名が犠牲になった。

戦後、文化財に指定された建物は変電所である。給水塔も残っていたが今はない。変電所は戦後も使用されていた。変電所の壁面に、また内部にも爆撃の銃弾痕が生々しく残っている。建物にこれだけの銃弾痕が残る戦争遺跡は全国でも珍しい。敷地内には慰霊碑が建立されている。

■延命寺住職・中里崇亮さん（東京都武蔵野市八幡町）❷

東京都武蔵野市にある延命寺は、「中島飛行機武蔵製作所」跡に近い場所、その南側に位置している。戦争末期、中里さんは国民学校3年生で、米軍の爆撃に何度も会い、逃げ惑う経験をしている。お寺近くの市民が爆撃を受けて犠牲となった事例も聞いている。

中里さんは住職として、1977年（昭和52年）に境内に「平和観音像」を建立、戦争犠牲者の供養をしている。その傍ら、戦争の「語り部」として活動し、戦争の遺品を収集、境内に展示している。

■陸軍戦闘機「飛燕」のプロペラとスピナー　（東京都三鷹市大沢）❸

配置された戦闘機は旧川崎航空機製の「飛燕」。1941年（昭和16年）から1945年（昭和20年）まで、首都防衛の拠点としての役割を担う。特徴は液冷式エンジンを使用し、最高速度590km/hが出たという。

■B29が残した遺品（東京都調布市郷土博物館・東京電気通信大学博物館、青梅市郷土博物館、山梨県上野原市西原）❹

アジア太平洋戦争で米軍は、空の要塞「B29」を30億ドルの予算を使って開発する。目的は「大型戦艦主義」から「飛行機による攻撃」を優先させるもの。B29による日本の軍需工場、軍事施設への攻撃、大都市、中都市への攻撃を繰り返し、日本の戦力を破壊してゆく。

東京は1945年（昭和20年）3月10日の空襲に見舞われ、一晩で10万人もの犠牲者が出た。戦時を知る人たちはB29の存在を忘れることが出来ない。

統計資料によれば、米軍はB29を約4000機製造、その一割弱を損失している。多摩地域でも日本の反撃で墜落したB29数機が記録に残る。私はB29の遺品を求めて東京都青梅市郷土博物館、調布市郷土博物館、山梨県上野原市などを訪ねた。

■空襲警報発令の掛け札（東京都調布市小島町、調布市郷土博物館）⓹

戦時中、空襲警報が発令された折に、市役所、地域でこのような掛け札が掲げられた。この掛け札は調布市郷土博物館が保存している。

■零式艦上戦闘機（埼玉県所沢市並木、航空発祥記念館）⓺

日本海軍の主力戦闘機、「零式艦上戦闘機」は、通称「ゼロ戦」、「零戦」、と呼ばれた。アジア太平洋戦争初期はハワイの海軍基地攻撃で戦果を挙げたが、後期、米軍はゼロ戦の性能を研究分析し、その弱点を見つけ、戦いを挑んできた。日本は米軍の度重なる攻撃で軍需工場や生産設備が破壊され、戦闘機の生産は弱体化し、日本の制空権は奪われる。

日本軍は戦闘機の乗員の安全性を全く無視したが、米軍は乗員の安全を重視し、操縦席には防護用の鉄板を備え付けていた。現在、零式艦上戦闘機は展示されていない。米国カリフォルニア州の航空博物館「PLANES OF FAME」蔵。

■三鷹市・大沢高射砲陣地跡（東京都三鷹市大沢、「椎の実子供の家」保育園）⓻

1943年（昭和18年）9月、三鷹市大沢の高台に、「陸軍調布飛行場」と「首都東京」を守る高射砲陣地が設置される。陸軍東部第1903部隊調布隊がレーダー付き高射砲6門を備えた。部隊は隊長以下186名、崖下に兵舎、炊事場、倉庫が建てられ、崖上に高射砲6門、通信所、監視所、観測所、計算所、弾薬庫などが半地下式の掩体で囲まれていた。1945年（昭和20年）2月17日、米軍の攻撃を受け隊員4名が戦死する。

戦後、この場所は保育園に生まれ変わり、平和利用されている。しかし、高射砲の台座4基は今でも保存され、見学者が絶えない。園内には高射砲部隊の記念碑がある。

■中島飛行機武蔵製作所跡地
(東京都武蔵野市営陸上競技場、住宅団地、都立武蔵野中央公園)⑧

「中島飛行機」は1917年(大正6年)、中島知久平(ちくへい)により創立された航空機メーカー。武蔵野市には1938年(昭和13年)に陸軍の飛行機発動機工場が、1941年(昭和16年)には海軍の飛行機発動機工場がつくられた。1943年(昭和18年)合併して武蔵製作所となる。

戦時中、その戦闘機生産割合が日本全体の37%を占める最大の軍需企業だった。当時の従業員は45000人。

しかし、1944年(昭和19年)11月24日、米軍の最初の空襲を受け、以来9回の空襲で工場は壊滅し、工場の犠牲者は220名に及ぶ。戦後は米軍の接収を経て、公団住宅の建設、都立武蔵野中央公園に生まれ変わっている。

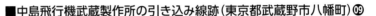

■中島飛行機武蔵製作所の引き込み線跡(東京都武蔵野市八幡町)⑨

戦時中、「中島飛行機武蔵製作所」と「国鉄中央線武蔵境駅」との間で資材や完成したエンジンを運ぶ鉄道で、戦後は撤去され、市民の遊歩道として生まれ変わっている。

西東京市にも「中島航空金属」と「西武線の東久留米駅」の間に引き込み線が設置されていた(左写真道路がその跡)。戦闘機のエンジン製造には大量の砂が必要とされ、この引き込み線で輸送された。

■旧中島航空金属の正門(東京都西東京市田無)⑩

1939年(昭和14年)、「中島航空金属」は、中島飛行機武蔵製作所の関連会社として現在の西東京市の田無に設立された。中島飛行機の鋳鍛(ちゅうたん)部門を担う工場として開設されたものである。同市谷戸にはエンジンの試運転工場も造られる。戦後、住友重機機械工業の田無製造所となり、中島航空金属時代のままに通用門として使用している。

■源正寺(げんしょうじ)の慰霊碑(東京都武蔵野市八幡町)⑪

源正寺の墓所の一角にある慰霊碑。「中島飛行機武蔵製作所」は戦時中、9回も米軍の空襲を受け、工場で働いていた労働者5人の身元不明者が出た。その犠牲者を悼むために慰霊碑が建立された。

■古内竹二郎(故人)(西東京市富士見町)

　古内氏は14歳で「中島飛行機武蔵製作所」に養成工として採用され、戦闘機のエンジン製造にかかわった貴重な体験者。米軍の空襲も体験している。戦後は「戦争の語り部」として各種の集いで講演をしたり、「三多摩平和交流会」の運営委員として活動していた。

■片山　昇(東京都日野市程久保)

　片山さんは広島の被爆者。アジア・太平洋戦争ではお兄さんが、オーストラリアでBC級戦犯に問われ処刑されている。その意味で片山さんは二重の「戦争の犠牲者」といえる。最近、東京都日野市で「核廃絶の国際署名」の資料を作成している。

■黒柳美恵子(東京都大田区久が原)

　複数の米軍戦闘機が満員の「419列車」に機銃掃射やロケット砲で攻撃し、列車襲撃事件としては日本最大の事件となる「湯の花トンネル列車襲撃事件」、その体験者。姉は機銃掃射で即死する。妹・美恵子さんは「湯の花トンネル列車襲撃事件」の風化を防ぐ活動を続けている。

■旧立川飛行機株式会社の建物(東京都立川市高松町)⓬

　「立川飛行機株式会社」は1930年(昭和5年)に立川に工場を設立した。のちに軍指定の工場となる。戦時中、陸軍の航空機を製造し、多摩を代表する飛行機会社に成長する。現在、飛行機工場の建物の一部は物流会社の倉庫に利用されているほか、昭和飛行機の工場として稼働している。

■外務省情報局弘報室分室跡(東京都調布市国領町)⓭

　「外務省情報局弘報室分室」は戦時中、東京YWCAから借りて調布市国領町に設置された。当時施設内には多摩川方向にアンテナが備えられていた。

　現在、当時の面影は樹木が残るのみである。今は東京YWCA国領センター保育園となっている。戦争末期、ポツダム宣言を傍受した国内の施設はこの場所の他、新聞社、NHKなど複数あるが、傍受したポツダム宣言の内容をオートバイで本省に届けたのは、この分室の職員だという。

■山中坂の悲劇(東京都立川市富士見町)⓮

　1945年(昭和20年)4月4日未明、立川市の山中坂にあった防空壕を、米軍の投下した爆弾が直撃して、防空壕に避難していた子ども32名を含む42名が犠牲となる事件が起こる。立川市には飛行機製造工場、立川飛行場、陸軍航空工廠、陸軍航空支廠、陸軍航空技術学校など様々な軍事施設が設置されていた。米軍は1945年(昭和20年)2月から8月まで、13回立川市を爆撃して、330余名の犠牲者が出た。現在、山中坂には鎮魂の地蔵像と慰霊の歌の碑が置かれている。地蔵像には犠牲者の氏名が刻まれている。

■ランドセル地蔵(東京都八王子市泉町)⓯

　1945年(昭和20年)7月8日、東京品川の原国民学校4年生、神尾明治君が、疎開先の元八王子隣保館保育園で米軍のP51戦闘機の機銃掃射を受け死亡する事件が起きた。八王子市の相即寺にある「ランドセル地蔵尊」は、お母さんが明治君の使用していたランドセルを息子に似た地蔵の背中にかけたもの。児童文学者の古世古和子氏が『家出ねこのなぞ』(新日本出版社)を著してこの真相を明かし、続けて同氏の『ランドセルをしょったじぞうさん』(新日本出版社)で多くの人々の知るところとなる。

■旧東京陸軍少年飛行兵学校(東京都武蔵村山市大南)⓰

　戦前、「東京陸軍少年飛行兵学校」が東京都武蔵村山市にあった。敷地は20万坪も擁し、「少年飛行兵」を養成する教育機関で、少年兵に1年間、国語、数学、兵器学、軍事訓練、グライダー航空操縦、体操を教えた。適性検査の後、2年間の上級学校で操縦、整備、通信を学び、全国の飛行隊に配属された。大津、大分にも設置されていた。入学資格は満14歳から17歳の少年たちで、全国で約46000人が教育され、特攻隊で450余名の少年兵が犠牲となった。

■日吉地下壕(神奈川県横浜市・慶應義塾日吉キャンパス)⓱

　1944年(昭和19年)、横浜市にある慶應義塾日吉キャンパスの建物や寮は、海軍連合艦隊司令部、大本営海軍軍令部第3部、海軍省人事部などに接収されて、海軍の地上施設となる。1944年3月以降は海軍疎開施設として地下壕を掘削。連合艦隊司令長官室、暗号室、通信隊室、作戦室、電源室、倉庫などが置かれ、戦艦大和の出撃や特攻への指令が出された場所と

して知られる。地下壕はコンクリート被覆を施し、排水路、水洗トイレ、蛍光灯照明が完備される。空襲が激しくなると海軍の幹部は地下壕に入って、作戦司令を出した。

■戦車道路（東京都町田市東京都立小山内裏公園など）⓲

八王子市と町田市の境目、多摩丘陵に「尾根緑道」がある。

1943年（昭和18年）、この道は相模原造兵廠の戦車テスト道路として着工される。目的は戦車性能テスト、操縦訓練のためであった。道路総延長は30kmを計画したが、完成は一部のみだった。現在、市民の遊歩道として利用されている。桜並木の名所だ。

■旧陸軍航空工廠引き込み線跡（東京都昭島市中神町）⓳

戦前、「立川飛行場」と国鉄青梅線中神駅との間に引き込み線があった。

戦争中は陸軍の軍事物資が運ばれた。現在、鉄道は撤去されて、一般の道路として利用されている。昭島市は引き込み線跡に記念碑を建てている。

■浅川地下壕（東京都八王子市高尾町）⓴

「浅川地下壕」は1944年（昭和19年）から1945年（昭和20年）までに陸軍の発注で掘られた。武蔵野市の「中島飛行機武蔵製作所」は9回の空襲で生産が困難になり、地下工場でのエンジン製造がどうしても必要とされたためである。場所は八王子市の南西部、JR高尾駅南側すぐの山の中。地下壕は総延長10kmに及び、旋盤、平削機、研削機、研磨機、鑽孔機など工作機械330台が据えられ、エンジンの部品が製作された。しかし、10機分程度の生産をした段階で終戦を迎えることになる。地下壕は水滴など湿度が多く、生産は困難を極めた。地下壕の掘削には朝鮮半島の労働者が動員された。全国で掘られた地下壕の中でも浅川地下壕は規模や長さから比較して全国一クラスといえる。

■旧陸軍登戸研究所跡（神奈川県川崎市生田）㉑

現在、明治大学生田校舎になっている敷地は、戦前、陸軍の秘密の研究所として名高い「陸軍登戸研究所」跡である。その存在は軍内部や国民にも秘密とされていた。戦争の秘密戦を担う諜報、防諜、謀略、宣伝のための兵器や資材を研究・開発した陸軍の研究所である。研究所の

構成は第1科、第2科、第3科、第4科があった。

※参考図書「学び・調べ・考えよう　フィールドワーク陸軍登戸研究所」（平和文化）。

　第1科・当初「怪力電波」（殺人光線）を研究したが成功せず、のちに「風船爆弾」を研究する。風船爆弾とは「こんにゃく糊」で様々なサイズの「和紙」を何枚も重ね合わせて製造した直径10mの巨大気球に、水素ガスを充填し、1万メートル上空の偏西風（ジェット気流）にのせてアメリカ本土に爆弾を投下する兵器のこと。「和紙」と「こんにゃく糊」で気球の外皮となる原紙つくりに、女子挺身隊や徴用工などが勤労動員された。また「和紙」と「こんにゃく糊」は市中から消え、造兵廠、民間の工場、体育館などに集められた。広い空間のあるデパート、劇場、体育館、国技館などでは気球にガスを入れる満球テストが行われた。

　実際、1943年（昭和18年）に研究が始まった風船爆弾は、1944年（昭和19年）10月25日、風船爆弾攻撃実施命令が出され、11月3日、千葉県一宮、茨城県大津、福島県勿来からアメリカ本土へ飛ばす作戦に入る。アメリカ本土までは太平洋を越えて8000kmある。偏西風にのって、平均時速200kmちかくで飛んだとしてもアメリカ本土に到達するには、約50 〜 60時間かかった。1945年（昭和20年）4月まで15キロ爆弾と数個の焼夷弾を搭載した9300個の風船爆弾が放球され、アメリカ本土に1000個程が到達したと推定される。

　1945年3月、ワシントン州ハンフォードの核工場の送電線に風船爆弾が接触して切断、マンハッタン計画による原子爆弾製造の研究用原子炉を一時停止させた。オレゴン州の公園では6人が風船爆弾に触れ死亡する事件も起きている。アラスカ、カナダ、メキシコで火事がおきた事例もある。

　第2科・青酸ニトロールなどの化学系毒物、ハブやフグなどの生物系毒物、トリカブトなどの植物系毒物を使った兵器の研究、牛疫ウイルス・豚コレラ菌に代表される家畜を殺す細菌・ウイルス兵器、農作物を枯らす病原菌の研究・開発、特務機関員用小型カメラ、殺人用万年筆、放火用偽装小型爆弾、毒入りチョコレートなどの研究・開発を行う。

　しかし、細菌兵器の開発・研究はアメリカの報復を恐れて中止したといわれる。

　第3科・1939年（昭和14年）陸軍省と参謀本部は「対支経済謀略実施計画」を決定、偽札作戦を本格化して、中国の国民政府の統治を経済的に撹乱しようとした。陸軍登戸研究所はこの任務を課せられる。急遽、内閣印刷局の技師、製紙技術者、図工技術者、インクの組成研究者、透かし彫りの象がん技術者などが大学、民間から呼び寄せられる。

　1941年（昭和16年）12月25日、日本軍は英領香港を占領し、中国国民政府の造幣所から印刷

用原版と大量の原紙を持ち出し、陸軍登戸研究所に送り、本物と変わらない偽札を印刷し始める。

　偽造したのは中国国民政府の法幣（政府が保証する銀行券）で、偽造した法幣は総計でおよそ40億元。しかし、偽装作戦は失敗する。理由は中国国民政府の本物の通貨の発行量が増大し、それに対して偽造通貨の量は少なくて、中国経済への影響は少なかったためといわれる。陸軍登戸研究所でつくられた偽札は侵略戦争で必要な物資の購入、親日分子養成の買収工作資金や日本軍兵士の給料にも使用されたという。

　第4科・特務機関員が携行する、小型缶詰爆弾、靴型カメラやへび毒入りの注射器、毒入りチョコレートなどを研究・開発していた。

■陸軍調布飛行場の掩体壕（東京都府中市白糸台）㉒

　1941年（昭和16年）から1945年（昭和20年）まで、陸軍調布飛行場は首都防衛の拠点となる。配置されたのは川崎航空機製の「飛燕」戦闘機。液冷式エンジンを使用し、最高速度は590km/hが出せた。掩体壕とは敵軍の空襲から戦闘機を守る施設。1944年（昭和19年）、アジア太平洋戦争の状況が悪化し、「本土決戦」に備えて、残り少ない戦闘機を保存するため、飛行場周辺にコンクリート製（有蓋式）約30基、無蓋式約30基を造る。

　三鷹市大沢には、「大沢1号」と「大沢2号」があり、文化財として、東京都が保存している。府中市白糸台にある掩体壕は2008年（平成20年）11月27日、市の文化財として保存登録されている。

■「必勝祈願」の灯籠（東京都調布市布田）㉓

　1941年（昭和16年）、調布市布田にある布田天神の境内に建てられたもの。同年12月8日、日本海軍がハワイのパールハーバー米軍基地を攻撃して、アメリカとの戦争が開始され、アメリカは「リメンバー・パールハーバー」を合言葉に戦争を継続する。

■出征兵士の奉納額（東京都調布市国領町）㉔

　調布市内の旧上ヶ給村の村社に飾られた奉納額。1938年（昭和13年）から1945年（昭和20年）までの、この村から出征した兵士の氏名が書かれている。8枚の奉納額が保存され、全部で61名が出征したことがわかる。中には2回、3回、4回も出征した兵士の名前もあり、うち、11名が戦死している。昭和20年の戦死者が多い。

※調布市の郷土史家、古橋研一氏の証言による。

■調布市の空襲を受けた農家（東京都調布市下石原）㉕

1945年（昭和20年）3月、調布市下石原にあるこの農家は陸軍調布飛行場の近くにあり、米軍の焼夷弾攻撃を受ける。現在もこの農家の倉庫の土台には焼夷弾が落下した傷跡がある。正門の柿の木にも、焼夷弾の焼け跡が残る。

■八王子市大和田橋歩道の焼夷弾落下跡（東京都八王子市大和田町）㉖

1945年（昭和20年）8月2日未明、八王子市はB29爆撃機180機の空襲を受けて約450名の犠牲者と負傷者2000余名、旧市街の80%におよぶ焼失家屋被害を出した。

国道20号線（甲州街道）の浅川に架かる大和田橋の歩道には、八王子市が、戦争の記憶を残すため焼夷弾落下の傷跡を保存している。

■JR中央線高尾駅支柱に残る銃弾痕（東京都八王子市高尾）㉗

1945年（昭和20年）7月8日、国鉄中央本線浅川駅（現在の高尾駅）は米軍艦載機の銃撃を受ける。

現在、銃弾痕はJR中央線高尾駅の1番ホームの31番・33番支柱に保存されている。しかし、近い将来行われる、駅舎改築の際、銃弾痕の保存をするかどうかは決まっていない。

■湯の花トンネル列車襲撃事件の跡（東京都八王子市裏高尾町）㉘

1945年（昭和20年）8月5日正午過ぎ、東京都南多摩郡浅川村（現在の八王子市裏高尾町）の国鉄中央線「湯の花トンネル」入り口付近で、米軍戦闘機P51など複数機が、満員の419列車に機銃掃射やロケット砲攻撃を行い、多数の死傷者が出た事件。正確な記録は存在していないため、推定だが、犠牲者65名以上、負傷者130名以上と言われている。419列車が攻撃を受けたとき、電気機関車はトンネル内で停止し、満員の客車はトンネルの外へ出ていたため、被害が拡大したのではないかと言われている。

■高幡不動尊の「生松脂」採取跡（東京都日野市）㉙

1944年（昭和19年）から1945年（昭和20年）、日本は極端にエネルギー事情が悪化し、軍用機のガソリンも不足する。軍部は代替燃料として松の樹から採れる「生松脂」を精製して「松根

油」をつくる方法を考える。「松200本で戦闘機を1時間飛ばすことができる」との掛け声で日本全国に奨励し、そのため、日本の各地で松の樹の幹を傷つけ、「生松脂」採取に励む。また、松の根を掘り起こす作業も行われた。作業には老人や中学生も動員された。

■陸軍多摩火薬製造所(多摩弾薬庫)跡(東京都稲城市大丸、多摩市連光寺)❸

　1938年(昭和13年)、「陸軍多摩火薬製造所」は陸軍の造兵廠火工廠板橋製造所多摩分工場として、東京府南多摩郡稲城村大丸の丘陵地に建設される。第1工場から第4工場まで拡大され、手榴弾をはじめ大型、中型爆弾の火薬が製造された。火薬を安全に保管するため、半地下式格納庫が丘陵地のあちこちに造られる。丘陵地は起伏があり、火薬を移動するのに石製のエレベーターが設置されていた。従業員の移動は階段を利用したという。製造された火薬は神奈川県長津田の陸軍補給処へ運ばれ、日本国内やアジアの戦地へ送られた。陸軍多摩火薬製造所と南武線南多摩駅間には引き込み線が設置され、火薬の運搬に利用されていた。火薬の製造にはお湯を大量に使うためボイラーが3ヵ所造られていた。今はこのうち1ヵ所のみ残されている。火薬製造所の建設には工兵隊200人、朝鮮半島出身の労働者600人が動員された。

　1945年(昭和20年)6月8日、爆発事故が発生、従業員5人が即死したといわれる。

　1950年(昭和25年)6月に始まった朝鮮戦争では、「旧陸軍多摩弾薬庫」は米軍の管理下にあり、米軍の「弾薬庫」になった。1967年から「レクリエーション施設」として整備され、1969年には横田基地専用のゴルフ場も整備される。1977年には米軍横田基地「レクリエーションセンター」になる。2017年現在、米軍の「多摩サービス補助施設」として、年に2～3回、市民に公開される。施設内には希少動植物の宝庫と言われているところもある。しかし、火薬製造所時代の木造の建築物や半地下式格納庫は、戦後71年が経過して手入れが必要になり始めている。早期の返還を実現させ、戦争遺跡の保存が急がれる。

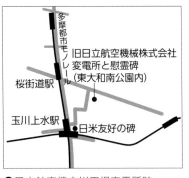

❶日立航空機立川工場変電所跡
（東京都東大和市）

❷延命寺
（武蔵野市）

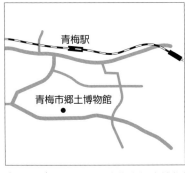

❹B29が残した遺品・青梅市郷土博物館
（青梅市）

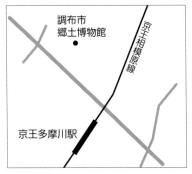

❹B29が残した遺品・調布市郷土博物館
（調布市）

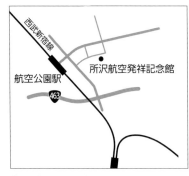

❻零式艦上戦闘機
（埼玉県所沢市航空発祥記念館）

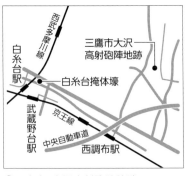

❼三鷹市・大沢高射砲陣地跡
（東京都三鷹市）

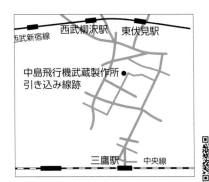

❾中島飛行機武蔵製作所の引き込み線跡
（東京都武蔵野市）

❿旧中島航空金属の正門
（東京都西東京市）

⓮山中坂の地蔵堂
（立川市）

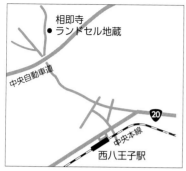

⓯ランドセル地蔵・相即寺
（東京都八王子市）

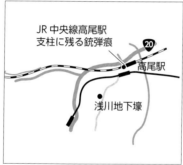

⓲戦車道路・東京都立小山内裏公園「尾根緑道」
（東京都町田市）

⓳旧陸軍航空工廠引き込み線跡
（東京都昭島市）

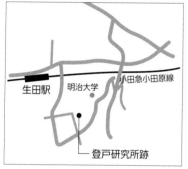

㉑旧陸軍登戸研究所跡
（神奈川県川崎市）

⓴浅川地下壕（東京都八王子市）
㉗JR中央線高尾駅支柱に残る銃弾痕（東京都八王子市）

㉖八王子市大和田橋歩道の焼夷弾落下跡
（東京都八王子市）

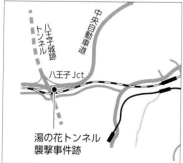

㉘湯の花トンネル列車襲撃事件の跡
（東京都八王子市）

㉙高幡不動尊の「生松脂」採取跡
（東京都日野市）

㉚旧陸軍多摩火薬製造所跡
（東京都稲城市、多摩市）

参考文献目録

2017年5月3日現在

○『しらべる戦争遺跡の事典』　十菱駿武・菊池実編　柏書房　2002年発行

○『戦争の記憶を武蔵野にたずねて増補版』　牛田守彦・高柳昌久　ぶんしん出版　2006年発行

○『戦時下の武蔵野I』　牛田守彦　ぶんしん出版　2011年発行

○『戦後70年平和祈念誌〜想いをつなぐ』　多摩地域平和事業連絡会　平川工業社　2016年発行

○『知られざる軍都・多摩・武蔵野を歩く』　洋泉社編集部　洋泉社　2010年発行

○『日吉は戦場だった』　日吉台地下壕保存の会　(有)ワコー　2015年発行

○『戦争遺跡を歩く　日吉』　日吉台地下壕保存の会　(有)ワコー　2006年発行

○『学び・調べ・考えよう　フィールドワーク　陸軍登戸研究所』
　監修・姫田光義　旧陸軍登戸研究所の保存を求める川崎市民の会編集　平和文化　2009年発行

○『学び・調べ・考えよう　フィールドワーク　日吉・帝国海軍大地下壕』
　監修・白井厚　日吉台地下壕保存の会　平和文化　2006年発行

○『学び・調べ・考えよう　フィールドワーク　浅川地下壕』
　浅川地下壕の保存をすすめる会編集　平和文化　2005年発行

○『本土決戦の虚像と実像　一度は訪ねてみたい戦争遺跡』
　監修・山田朗　日吉台地下壕保存の会編集　高文研　2011年発行

○『近現代日本をどう学ぶか　平和で公正な世界を創るために』　渡辺賢二　教育史料出版会　2006年発行

○「兵士の奉納額」　資料・古橋研一メールで受信　2016年12月9日

○『日常の中の戦争遺跡』　大西進　アットワークス　2012年発行

○『家出ねこのなぞ』　古世古和子さく　北島新平え　新日本出版社　1979年発行

○『ランドセルをしょったじぞうさん』　古世古和子さく　北島新平え　新日本出版社　1980年発行

あとがき

　私が「戦争遺跡」に関心を持ったのは、7年前の2010年5月に都立調布南高校の公開講座「東京多摩地域の戦争遺跡」を受講する機会を得たことからだった。私自身、東京都稲城市に在住しているが、それまでは近くに、調布市、三鷹市、府中市にまたがって存在する「調布飛行場」や、稲城市や多摩市にまたがり存在する米軍の「多摩サービス補助施設」（陸軍多摩火薬製造所跡）に、関心がほとんどなかった。しかし、講座を受講してから自分の足で確かめようと、暑い夏にデジタルカメラを肩に，「東京多摩地域の戦争遺跡」について一件、一件、確かめる日々が始まった。

　戦後、71年経過したが「東京多摩地域の戦争遺跡」は意外と残されていることがわかった。もちろん、取り壊された「戦争遺跡」や調査が行き届かなかった「戦争遺跡」もあるが、多摩地域周辺の20市、43ヵ所は7年間で撮影することができた。

　私は終戦時、6歳であった。終戦時の記憶は今も残る。母の手に引かれて中野駅周辺を逃げ回ったことやB29の大編隊が青空に銀翼を光らせて飛ぶ様子、住宅の近くに焼夷弾が不発で落ちた記憶が残る。

　私自身、今回はどうしても「多摩の戦争遺跡」を写真集にまとめたいと思う動機が生まれた。それは最近、東大和市、府中市、東京都などで「戦争遺跡」を文化財として保存する運動が盛り上がり、少しずつだが前進していることだ。さらに盛り上がるために後世に伝えるべき「戦争遺跡」を大事にすることを多くの人に伝えることが必要となる。

　写真集をまとめるにあたり、監修を引き受けていただいた「現代写真研究所」の恩師である、入江進氏、印刷の技術面でご指導をいただいた「株式会社東京印書館」の髙栁昇氏、ブックデザインを担当いただいた「株式会社タクトデザイン事務所」の富樫茂美氏、写真集の発行、文書の校正、アドバイスをいただいた「株式会社新日本出版社」書籍編集部の柿沼秀明氏、推薦文をお寄せいただき、励ましていただいた「戦争遺跡保存全国ネットワーク共同代表・山梨学院大学客員教授」の十菱駿武氏に感謝申し上げます。

2017年5月3日　増田康雄

プロフィール

増田康雄
（ますだ・やすお）

1939年2月、東京都生まれ。日本放送協会（NHK）で33年にわたり音響効果の技術職として勤務。在職中の1975年3月、法政大学第二法学部政治学科卒業。1999年2月、日本放送協会を定年退職。1997年6月から現代写真研究所の基礎科、翌年本科、翌々年橋本ゼミ、2010年デジタル研究科で写真を学ぶ。2012年6月より現代写真研究所入江ゼミに在籍。現在、リアリズム写真集団会員、「放送を語る会」運営委員、日本ジャーナリスト会議会員。全国公募「視点」展入選5回。個展「移り住んだ街・多摩」（2003年10月、東京・市ヶ谷フォトスペース光陽）、「カリブの風に魅せられて・キューバ」（2006年1月、東京・半蔵門JCIIクラブ25）

多摩の戦争遺跡
（たま せんそう いせき）

2017年7月25日　初版

写真・文 ──────── 増田康雄
監　修 ──────── 入江　進
発 行 者 ──────── 田所　稔
発 行 所 ──────── 株式会社新日本出版社
〒151-0051　東京都渋谷区千駄ヶ谷4-25-6
電話　03(3423)8402(営業)
　　　03(3423)9323(編集)
info@shinnihon-net.co.jp
www.shinnihon-net.co.jp
振替番号　00130-0-13681

デザイン ──────── 富樫茂美
プリンティングディレクション ──── 髙栁　昇
印刷・製本 ──────── 東京印書館